LES
RÉVOLUTIONS
IMMINENTES

ET

L'ATTITUDE DE LA FRANCE A LEUR ÉGARD

PAR

CÈNAC MONCAUT

———— ❧ ————

PARIS

E. DENTU, ÉDITEUR, PALAIS-ROYAL, 13

GALERIE D'ORLÉANS

1861

LES RÉVOLUTIONS IMMINENTES

I

L'optimisme le plus résolu n'oserait mettre en doute l'existence d'une inquiétude générale en Europe ; chacun se fait pour lui-même, et répète pour la galerie qui l'écoute, le programme d'une série d'événements dont l'imagination augmente à plaisir la gravité. Publicistes et négociants, ouvriers et soldats, énumèrent les causes et les conséquences de déchirements et de guerres générales, qui doivent bouleverser la carte politique de l'Europe.

Ne pas accepter cette situation comme très-sérieuse serait en aggraver le péril ; la fermentation des esprits ne se ralentirait pas, et l'orage éclaterait au moment où l'on cesserait d'y être préparé... Toutefois, cet état de l'opinion publique nous paraît basé sur deux prévisions bien distinctes, et qu'on a l'imprudence de confondre : la question de modifications politiques qui est le but, la question de guerre qui est le moyen... Le résultat est inévitable, le moyen peut être évité.

La France est une grande coupable aux yeux de la vieille diplomatie. Il ne s'élève pas une plainte en Europe, il ne se commet pas un soulèvement qu'elle n'en soit déclarée directement responsable.

La diplomatie a raison, la France a de grands crimes à se faire pardonner ; elle ose présenter, en face de peuples morcelés, de territoires déchiquetés au caprice des protocoles, le plus admirable système d'unité nationale et administrative. Sa puissance militaire est sans émule, ses ressources dépassent toutes les prévisions, sa capitale devient celle de l'Europe entière. Et savez-vous quelle est la raison de cette prépondérance? C'est que son patriotisme n'est pas fondé sur l'égoïsme et l'intérêt personnel, mais sur l'amour de l'humanité et le culte de la justice. La charité évangélique, appliquée aux nations, un apostolat armé, qui répand la lumière aux extrémités du monde, qui porte secours aux faibles, arrête les coupables prétentions des forts : voilà ce qui constitue ses forfaits ; voilà ce qui provoque la colère des pouvoirs fondés sur l'usurpation ou sur l'abus.

Noblesse oblige, disaient nos ancêtres.

De cette situation, unique dans l'histoire, naissent pour la France des obligations et des prérogatives qu'il est utile d'examiner ; car cet examen jettera une grande lumière sur les éventualités qui menacent l'Europe. Ce travail est facile. Les jalons du passé servent à marquer la route de l'avenir et ces glorieux jalons de la politique française sont placés assez hauts pour que personne ne les conteste; ils flottent à Sébastopol et dans la Lombardie, dans la Syrie et en Chine. Ces actes éclatants de protection et d'équité ont été sanctionnés par un enthousiasme national, une adhésion universelle qui ne permettent plus de douter des devoirs qui incombent à la France, et des droits qui accompagnent ces devoirs.

On a beau accuser cette puissance d'avoir provoqué l'irritation des peuples contre les traités de 1815, et cherché des occasions de représailles : ce reproche ne soutient pas l'examen. Certes, son mécontentement eût été légitime, et le monde aurait compris une levée de boucliers pure et simple, destinée à déchirer des traités qui l'humiliaient ; mais elle a généreusement évité de secouer des liens bien lourds pour elle, dans la crainte que leur brisement ne remît trop d'intérêts en question ; elle s'est montrée patiente, parce qu'elle était forte, et qu'elle avait pour elle la raison et la justice, qui finissent toujours par triompher.

Loin de se lancer dans les hasards d'une conflagration, elle a eu pour principe le respect [de l'équilibre européen ; elle a couru le défendre sur les points où il était menacé par de coupables ambitions : elle n'a porté les armes en Orient et en Italie que pour désarmer ceux qui les avaient prises avant elle. La paix générale serait-elle mieux consolidée, si nous avions laissé la Russie occuper Constantinople, et l'Autriche régner à Turin et dans le reste de l'Italie ?

Dans ces deux circonstances solennelles, la conservation des nationalités légitimes, reconnues par les traités, était son point de départ et son but : mais qu'est-il arrivé ? C'est qu'en vertu du principe d'équilibre qu'on nous obligeait à défendre, tous les peuples, froissés dans leurs sentiments nationaux, ont repris courage ; d'anciennes douleurs sont devenues des espérances impatientes, et le travail réparateur qui se préparait lentement dans les esprits, est brusquement passé dans les faits.

Les adversaires les plus acerbes n'oseront jamais accuser la France du mécontentement de la Toscane et des Romagnes, du soulèvement de la Sicile, de l'Allemagne et des peuples slaves ; la France assiste, l'arme au bras, à des manifestations qu'elle n'excite ni n'encourage par une diplomatie occulte ; elle prodigue ses conseils aux princes et à leurs peuples et ceux qui ont refusé de l'entendre portent déjà la cruelle punition de leur aveuglement. La visite récente de l'Empereur à Bade n'avait d'autre motif que de rassurer l'Allemagne sur les folles craintes d'une nouvelle invasion au-delà du Rhin. Un excès de loyauté inspirait cette démarche à Napoléon III ; nous le félicitons de l'avoir faite. A-t-il réussi à dissiper toutes les inquiétudes de l'Allemagne ? Il n'est guère permis de l'espérer.

II

Les plus solennelles assurances de paix données par la France aux gouvernements de Prusse et d'Autriche, et appuyées par l'Angleterre, ne sauraient résoudre les difficultés de la situation. Les cabinets, fussent-ils délivrés de toute crainte de périls extérieurs, ne se trouveraient pas moins en présence de nationalités morcelées, honteuses de leur faiblesse, de leur suppression, et qui, admirant la France, son homogénéité, sa puissance, aspirent à l'insigne honneur de l'égaler en l'imitant. Or, nous sommes à une époque où les monarques les plus altiers sont obligés de compter avec la bourgeoisie, avec les masses qu'on ne daignait pas consulter autrefois ; leurs embarras intérieurs demeurent donc les mêmes, et de toute part des solutions laborieuses sont attendues et recherchées.

Si les gouvernements s'irritent et s'alarment, nous, amis de la justice et de la vérité, restons remplis d'espoir et de confiance ; le triomphe du droit national et de la liberté individuelle est si complétement préparé, résolu dans les esprits, que sur tous les points, la résistance s'affaiblit et recule ; le drame marche au dénouement sans nécessité de guerre générale, aux seuls risques de quelques perturbations locales dans les États en fermentation... D'où nous viennent ces convictions consolantes, c'est que les événements qui s'approchent sont la conséquence logique et inévitable de ceux qui se sont régulièrement accomplis déjà.

Et quoi ! diront quelques alarmistes, vous mettez en question l'état actuel de races considérables, de gouvernements et de princes nombreux, sans prévoir des bouleversements et le triste échange des coups de fusil ? Nous n'oserions pas assurer qu'on n'emploiera pas cet argument sur quelques points de l'Europe ; il peut se produire des soulèvements, des émeutes dans ce vaste théâtre de mécontentement qui s'étend du Rhin à la mer Noire, et de la Baltique au détroit de Syracuse. Mais les grandes armées conduites par des souverains puissants, ne marcheront plus les unes contre les autres ; nous ne reverrons plus les formidables coalitions du premier Empire, et voici les motifs de notre sécurité.

III

Autour du vaste foyer d'ébranlement dans lequel plusieurs nationalités cherchent leur équilibre, il existe des bases solides et fermes, qu'aucun élément dissolvant n'altère. Ces bases sont la France et l'Espagne, l'Angleterre et la Russie (à l'exception des provinces polonaises). Le travail national, depuis longtemps accompli dans ces quatre

nations, leur permet de surveiller le mouvement des populations mé-
contentes. La proclamation très-prudente du principe de non-inter-
tion empêchera les perturbations intérieures de certains États de
troubler sérieusemeut l'équilibre des autres.

Seconde condition de sécurité !... L'agitation qui tourmente l'Italie,
l'Autriche, l'Allemagne et la race slave, est la solution arriérée, mais
nécessaire, du problème que les autres nations européennes ont déjà
résolu dans leur propre territoire. La seule différence, c'est que le travail d'agrégation nationale, exécuté dans ces États par les dynasties,
s'opère ailleurs par les peuples ; ducs et princes, au lieu d'être dé-
trônés par d'ambitieux monarques, sont dépossédés par leurs sujets ;
l'opération est la même, les procédés seuls sont modifiés. Lorsque les
peuples d'Italie, d'Autriche et d'Allemagne cherchent à constituer des
nationalités homogènes, à l'exemple de l'Angleterre et de la France, de
l'Espagne et de la Russie, ces quatre nations seraient assez mal venues
à se plaindre de cet honorable désir d'imitation.

On nous dira peut-être : ces États ne sont arrivés à la réalisation
de leur unité qu'après des siècles de guerres et de désastres ; la
même destinée n'est-elle pas réservée à ceux qui tentent de les suivre
dans la même voie... Non, car les conditions politiques et sociales
sont complétement changées depuis deux siècles.

L'unité politique s'est opérée en France, en Angleterre, en Fspagne
à une époque où ces peuples, divisés en autant de fractions jalouses et
ennemies qu'il y avait de provinces, ne comprenaient pas les grandes
nationalités. Les rois seuls, éclairés par leur intérêt personnel, devi-
naient l'avenir et firent arriver la solution avant terme. De là ces ré-
sistances, ces haines, ces déchirements de toutes sortes. Rien de sem-
blable n'existe aujourd'hui. Les progrès des lettres et des intérêts
commerciaux, la puissance conciliatrice des chemins de fer, ont réduit chaque grande race aux proportions d'une famille, dont les mem-
bres vivent dans des rapports intimes et journaliers. La formation
des nationalités, préparée par ces moyens irrésistibles, sera d'autant
plus pacifique, que tous les obstacles se trouvent moralement prévus
et aplanis ; l'opération, en un mot, est accomplie dans les esprits, il ne
reste qu'à lui donner une application administrative et politique.

Loin d'être surpris des mouvements de certains peuples modernes,
nous devrions l'être de la lenteur qu'ils ont mise à s'émouvoir, et à
triompher dans leur agitation. Examinez la puissance des principes
vrais ! voyez avec quelle sûreté ils marchent vers leur généralisation.

Le système féodal régna pendant bien des siècles dans l'Europe
entière ; 89 acheva de le renverser chez nous. L'Europe, en retard de
cinquante ans sur la civilisation française, essaya d'en retenir les dé-
bris dans le cercle de ses coalitions. Des flots de sang furent répan-

dus, et lorsqu'elle espérait avoir triomphé de nos *folles utopies* par l'invasion et les traités de 1815, voilà que le principe d'égalité individuelle et d'égalité nationale se réveille; il se trouve avoir fait, dans le silence, des progrès inespérés; il éclate en Italie, il fermente dans cette Allemagne qui nous avait si énergiquement combattus, dans cette Russie elle-même, où l'empereur Alexandre II, un des plus notables réformateurs de l'humanité, le proclame, en dehors de toute réclamation, de toute pression extérieure, comme l'hommage d'un grand cœur à la sainte vérité qui l'éclaire.

Les peuples d'Europe subissent donc l'influence de deux sortes de princes. Les uns, devançant leur siècle, les lancent dans la voie du progrès. Tels ont été les plus grands rois de France et plus d'un empereur de Russie.

Les autres s'opposent à la marche la plus évidente des problèmes sociaux qui les contrarient, ils substituent la violence de l'oppression aux droits les plus imprescriptibles des individus et des nations. Il faut reconnaître que des circonstances particulières avaient secondé le succès de ces législateurs arriérés, en Allemagne, en Autriche et dans la race slave.

IV

En Italie, l'importance, la richesse des grandes villes, leur forte organisation municipale constituait, dans chacune d'elles, une fierté locale, qui lutta victorieusement contre l'esprit national : toute grande cité aima mieux se donner un prince particulier que de perdre sa valeur individuelle.

En Allemagne, le calme germanique, le respect de la tradition, cette contemplation de la théorie qui semble dédaigner le terre à terre de l'application, hâtons-nous d'ajouter, la bonté paternelle de la plupart des princes et la lutte de l'Autriche contre la Prusse, furent autant de causes qui arrêtèrent l'explosion de l'unité nationale ; la Germanie a conservé jusqu'à nos jours le morcellement de l'époque féodale, déguisé sous le nom de fédération.

Dans la Pologne, la domination exclusive de l'oligarchie, source intarissable de désordre et de guerre civile, dans la Hongrie, le retard de la civilisation, le mépris des lettres, une confusion sans limites de conquêtes et de désastres empêchèrent la consolidation de la nationalité et livrèrent ces deux races, fort homogènes cependant, aux couronnes voisines d'Autriche, de Prusse et de Russie.

En dépit des habiles précautions des petits gouvernements, le travail unitaire s'est poursuivi dans les esprits durant le dix-neuvième siècle, au delà des Alpes et au delà du Rhin ; de généreux désirs, de patriotiques impatiences secouent les liens des anciens traités. Examinons par quelle série d'événements inévitables, ces peuples, victimes d'anciennes erreurs, doivent reprendre leur part normale d'indépendance et d'influence dans le concert européen.

L'ITALIE.

I

De longs déchirements intérieurs, une faiblesse qui ne lui permettait plus de siéger dans les conseils de l'Europe, alors que ce conseil disposait de son territoire, firent cruellement réfléchir l'Italie. Dépouillée de prestige et de force, vouée au dédain des cabinets, cette antique et noble nation voyait les États voisins grandir incessamment, et jouer le rôle de dispensateurs orgueilleux des destinées du monde. Elle comprit alors que les peuples ne vivaient pas seulement de bien-être matériel et que leur âme avait besoin de certain aliment de fierté, de respect, d'influence ; elle chercha résolûment ces avantages dans l'union qui donne la force, et dans la confiance qui retrempe les cœurs.

Son agitation latente fut peu connue en Europe, les livres qui la résumaient passaient pour de pures *rêveries* individuelles. On était dans une grande erreur ; ces *rêveries* produisaient une forte cohésion unitaire ; au moment où les sceptiques en contestaient l'existence, elle a éclaté dans les faits avec une instantanéité qui a déconcerté toutes les inductions. Piémontais et Toscans, Parmesans et Romagnols, Lombards et Napolitains, n'ont eu qu'un cri : *Vive l'unité italienne* ; et la véritable Italie rêvée par les grands esprits, par Dante et Machiavel, par Savonarole et les papes, s'est trouvée constituée. A ce spectacle inattendu, hommes d'État et publicistes étrangers ont crié au subterfuge ; ils ont considéré cette révolution comme l'escamotage de quelques ambitieux, exploiteurs habiles d'une homogénéité de convention, qu'ils avaient laborieusement préparée.

Certes, la part de Victor-Emmanuel et de M. de Cavour est grande dans les événements prodigieux qui s'accomplissent ; ils se garderaient bien d'en répudier la solidarité... Toute idée, quelque mûre qu'elle soit dans les esprits, a besoin, pour recevoir une application générale, d'un symbole visible, sympathique au peuple, et qui saisisse les plus simples comme les plus clairvoyants. Un roi s'est trouvé là ; il a montré la plus grande de toutes les habiletés ; le courage, la résolution, la prudence, et Victor-Emmanuel a été partout acclamé. Pourquoi s'est-il trouvé prêt à remplir ce rôle au moment opportun ? C'est que, secondé par un ministre, élève de Richelieu, il a préparé sa fortune, sa prépondérance italienne, par un des actes les plus profonds et les plus hardis qu'aient conçu les hommes d'État du dix-neuvième siècle.

II

Quand la France et l'Angleterre allèrent protéger l'empire turc contre l'ambition de l'empereur de Russie, le petit roi de Sardaigne pouvait, certes, laisser tranquillement passer cette expédition sans y prendre garde ; aucun intérêt piémontais n'avait directement à souffrir de la présence des Russes dans le Bosphore... Par un trait de génie le ministre et le roi, qui plaçaient les destinées de l'Italie au dessus de la sécurité financière et commerciale du Piémont, comprirent que les grandes pensées ne s'exécutent pas avec des calculs étroits, de petits subterfuges timorés ; ils se dirent que la première obligation d'un roi, qui veut se grandir en élevant son peuple, c'est d'attirer sur lui l'attention publique, de se donner cette auréole de gloire populaire, que les froids économistes estiment sans produit, que les philosophes jugent insensée, mais que les hommes réellement politiques considèrent comme le plus puissant levier des grands succès. Victor-Emmanuel voulut avoir son expédition d'Orient, il voulut répandre sur sa petite, mais vaillante armée, le reflet des victoires qu'allaient remporter les soldats de la France et de l'Angleterre... L'Italie devina sa politique et l'approuva.

Si vous supprimiez le coup de tête sarde de Crimée, vous enlèveriez au roi de Piémont la moitié de son prestige ; vous compromettriez la sympathie de la France et de l'Angleterre pour sa cause, et l'Italie, privée d'un chef prépondérant, et du secours tout puissant de notre alliance, se trainerait, de nos jours comme en 1848, dans les efforts impuissants des Manin et des Gioberti, des Masini et des Garibaldi. Après quelques succès, on se soupçonnerait, on s'accuserait de trahison ou de mollesse, et le despotisme étranger reprendrait tranquillement sa place au dessus des révoltes étouffées.

Les hommes qui s'arrogent le titre de pratiques, les sages qui soumettent la force des sentiments à celle des chiffres, parce qu'ils ont un cerveau et pas de cœur, ne contestent pas que le Piémont n'ait gagné beaucoup à la dernière expédition d'Italie ; mais ils se demandent très-sérieusement ce que la France avait à voir dans cette question, et quel bénéfice elle a réalisé dans la liquidation finale.

Ce qu'elle a gagné ? nous allons le leur dire... Nous ne parlerons pas de l'acquisition de trois départements, qui lui procurent une frontière naturelle, dont la force stratégique égale celle d'une armée de soixante mille hommes ; nous nous arrêterons au prestige militaire du nom français, relevé à la hauteur des plus belles époques du premier Empire ; à l'autorité morale que nous assure le rôle de grand juge politique, de protecteur des faibles, d'allié naturel des nationalités opprimées... En acceptant hautement ces titres en face de l'Europe, la France a conquis, à Magenta et à Solferino, la reconnaissance de l'Italie, et avec elle la confiance et l'amour de tous les peuples placés dans une situation analogue. Et n'est-ce donc pas un bénéfice notable pour un peuple que l'agrandissement de sa puissance morale, basée sur l'amitié des uns et sur l'estime de tous?

Nous avons entendu prononcer le mot ingratitude!... Ils ne connaissent pas l'Italie, ceux qui colportent ces bruits mensongers; ils n'ont vu la terre de Pétrarque et de Dante qu'à travers la fumée de quelque estaminet du Transtevère... Lorsque nous sommes entrés à Milan, le souvenir de Napoléon Ier nous y préparait un accueil enthousiaste; son nom était gravé dans plusieurs monuments, comme dans tous les cœurs. Le Lazaret, les Arènes, le Corso, le Muséum d'Histoire naturelle, ce fut Napoléon Ier qui les créa : un palais a conservé le nom de palais Bonaparte; l'Arc de Triomphe de la paix a été construit par la municipalité milanaise, en commémoration de l'entrée du prince Eugène et de la fondation du royaume d'Italie... Arrivons à nos jours : nos soldats oublieront-ils jamais les transports qu'ils ont excités dans toutes les villes italiennes, et les touchants adieux adressés, à leur retour en France, par les Conseils de Milan et de Pavie, de Turin et de Bescia? Nous avons vu nous-même nos régiments défiler, à leur départ, dans les rues de Milan : la foule était grande sur leur passage; c'était des adieux, des serrements de mains, des larmes d'attendrissement; ils pouvaient se croire dans leur patrie...

On était au 2 juin 1860.

Des ouvriers dressaient, devant la façade du dôme, un arc de triomphe destiné à l'anniversaire religieux de la bataille de Magenta ; dans le village de ce nom, un autel était disposé sur les larges et hautes tombes qui renferment nos braves tombés près de la Gare du chemin de fer. Dans la Lombardie, cette reconnaissance est universelle; dans le Piémont, elle est générale, parmi tous ceux qui savent raisonner leur amour de la patrie. Si les exaltés, qui perdent les meilleures causes par leur imprudence, ont essayé de jeter dans l'esprit des masses quelques regrets à l'endroit de la paix de Villafranca et de l'annexion de la Savoie, ils n'ont pas tardé à comprendre que les principes des frontières naturelles, d'unité de langue, de similitude d'intérêts, attribuaient la Savoie à la France, tout aussi justement qu'il rendait le Milanais à l'Italie. La réunion du versant français des Alpes au Piémont n'aurait été rien moins que la justification des prétentions de l'Autriche sur la Lombardie. La puissance de ces arguments a fait taire les murmures, et l'Italie entière rend un éclatant témoignage à la générosité de la France, à la bravoure de ses soldats. Victor-Emmanuel a rehaussé sa popularité italienne du titre très-sérieux de Caporal de zouaves : partout, des miliers de statuettes et de gravures représentent le roi galant homme sous la veste et le fez des vainqueurs de Palestro... Prenons acte de ce touchant symbole de la fraternité des deux peuples, et soyons sûrs que, s'il nous arrivait des jours d'épreuves, notre patrie pourrait compter sur le dévouement de la nation qu'elle a délivrée.

III

Ce tableau de l'Italie reconnaissante se reflète sur plus d'un peuple. Ces arcs de triomphe, élevés sous les pas de nos troupes, sur les tombeaux de nos morts, le Hongrois, le Polonais, le Moldave les dressent dans leurs cœurs. Ils tournent vers nous leurs regards d'espérance; leurs exilés viennent chercher parmi nous des consolations, du courage, et ils attendent des jours meilleurs.

Si la France ne peut faire pour eux tout ce qu'elle a fait pour l'Italie, sa voisine, le triomphe de la nationalité cisalpine n'en est pas moins un appui moral, considérable, qui doit hâter incontestablement le dénouement réparateur que nous examinerons bientôt. C'est en vain que les partis incorrigibles prophétisent la prochaine dislocation de l'unité qui s'organise au delà des Alpes; cette unité est un fait acquis, un principe qui ne périra pas plus que celui de 89.

Nous ne savons pas ce que l'avenir réserve à la jeune nation d'agitations et de péripéties intérieures ; après le triomphe de la théorie, viendront probablement les difficultés de l'application. Il y aura controverse, combat de tribune, combats de rue, peut-être. La France et l'Angleterre n'ont-elles pas eu leurs épreuves de ce genre... Malgré ces obstacles passagers, l'unité italienne triomphera, parce qu'elle est déjà fortement constituée dans les esprits. Son organisation officielle n'est qu'une question de temps; n'a-t-il pas suffi d'un condotière aventureux, désavoué par toutes les nations, pour dissoudre une armée nombreuse, parfaitement organisée, et enlever tout son royaume au roi de Naples, C'est en vain que ce jeune et malheureux prince, digne du respect de l'Europe, et de l'estime de ses propres ennemis, résiste avec un héroïsme tardif; le destin de sa famille l'entraîne, il tombera les armes à la main, comme tombèrent chez nous les ducs de Bourgogne, de Bretagne et les comtes de Toulouse, comme tombèrent le roi de Navarre en Espagne, celui d'Écosse en Angleterre, princes tout aussi intéressants que le noble assiégé de Gaëte... La France a essayé de lui éviter l'humiliation d'une chute trop brusque, mais elle n'en doit pas moins se rappeler la politique de Blanche de Castille, de Louis XI, de Philippe le Bel, de Richelieu, et laisser l'Italie libre de compléter son unité. Si les descendants des grands vassaux de l'ancienne monarchie s'installaient un jour, en revendiquant leur droit d'hérédité, sur les deux tiers de notre sol, quelque bonne que fût leur administration, la France pourrait-elle abdiquer le principe de l'unité qui fait sa grandeur dans l'intérêt de ces petites dinasties? Non; elle sacrifierait sans regret leur légitimité personnelle à une légitimité plus haute : celle de l'homogénéité française, créée par nos rois.

L'ALLEMAGNE.

I

Tel est le travail italien qui s'accomplit sous nos yeux; en sera-t-il de même du travail allemand? Se trouve-t-il aussi avancé dans l'opinion? Quelles péripéties traversera-t-il, avant de passer dans les faits?... C'est au delà des Alpes qu'il faut chercher la réponse à cette question... Quand deux peuples se trouvent dans des situations analogues, les destinées de l'un s'expliquent par l'histoire de l'autre ; le plus avancé ouvre la route à celui qui se trouve en retard.

Et d'abord, le principe de l'unité allemande s'est manifesté déjà par trop de discours et d'articles, trop de votes parlementaires et d'associations sérieuses, pour qu'il soit permis de douter de son importance. Les efforts de ses nombreux partisans n'ont pas abouti par la seule raison que le chef, le drapeau leur ont manqué.

Pendant que Victor-Emmanuel prenait une part glorieuse à l'expédition de Crimée, et qu'il posait d'une main chevaleresque les jalons d'une popularité qui devait sauver son pays, que faisaient les princ allemands, pour lesquels la question d'Orient avait un intérêt bien plus immédiat? Ils coulaient tranquillement leur existence constitutionnelle, conformément aux règles des plus doctes économistes. M. Cobden était enchanté de leur conduite... L'Allemagne ne fut pas d'abord mécontente de leur sagesse; heureuse d'éviter les périls de la guerre, elle mettait sa gloire à applaudir ses professeurs et ses écriv....s, à pousser activement son réseau de chemin de fer, à fabriquer des aciers, de la bière, des joujoux, à vanter ses établissements thermaux, où tant de beaux joueurs se ruinent et se font sauter la cervelle. Les graves penseurs riaient sous leur toge de ces téméraires d'Anglais, de ces écervelés de Français, de ces fous d'Italiens, qui allaient se faire casser les reins par les lances cosaques, pour une question qui n'était pas la leur.

Toutefois, au mépris ne tarda pas à succéder la surprise; on ne put s'empêcher d'admirer la puissance de la France et de l'Angleterre, transportant 180,000 hommes à 1,500 lieues de leurs frontières, et l'on resta stupéfait en voyant reculer devant eux le colosse russe, qu'on n'osait nommer qu'en tremblant.

Les péripéties de cette lutte colossale commencèrent à semer ceraine agitation... Tant que la haute politique avait pensé qu'il suffisait d'une chiquenaude de l'empereur Nicolas pour jeter les armées d'Occident à la mer, on n'avait pas daigné mettre en question si l'on seconderait un Czar qui n'avait besoin de personne ; mais, la lutte se prolongeant, on fut bien obligé de dire quelque chose... On parla beaucoup dans les journaux et dans les assemblées !... Elle ne manque ni de tribunes ni de gazettes, l'éloquente Allemagne ; elle a des chambres catholiques et des chambres protestantes; elle a de petits États et de grands États ; elle a des soldats nombreux, des officiers sans nombre... Seulement, quand il est question d'agir, de prendre parti pour ou contre le grand Turc, on se montre d'une réserve excessive. L'Allemagne ménage ses finances, ménage ses soldats, ménage même ses opinions en les réservant; elle ne veut pas se brouiller avec la France et l'Angleterre, qui ne se laissent pas écraser aussi promptement qu'on l'aurait cru; elle veut bien moins se fâcher avec la Russie, qui ne peut manquer d'être victorieuse selon tous les Nostradamus de Gotha. Le règlement de comptes arrivant, on espère que la bonne voisine, agrandie sur le Danube et la mer Noire, laissera l'Allemagne s'étendre un peu vers la Vistule et les Carpathes.

II

Le jour des règlements de compte arrive en effet; mais au lieu de pouvoir féliciter l'empereur de ses victoires, on en est réduit à le consoler de sa défaite... Alors, quel isolement pénible autour de l'Allemagne. Les Russes se montrent fort irrités d'une circonspection qui les a laissés froidement battre à l'Alma et à Sébastopol; leurs vainqueurs conservent certaine rancune du jeu double *habilement* joué par la diplomathie d'outre-Rhin ; on se trouve complétement seul en Europe avec les questions du Holstein, du grand duché de Posen, de la Hongrie, et de l'Italie sur les bras.

Ceci donna fort à réfléchir. L'égoïsme politique, décoré du nom de prévision sage, perdit beaucoup de sa valeur. Quelque futile que soit le bruit de la gloire militaire pour un peuple qui passe sa vie à commenter les mystères du *non moi absolu*, et de *l'idéalisme subjectif*, il est difficile de ne pas se sentir petit à côté de soldats qui font le syllogisme beaucoup moins bien, mais qui agissent beaucoup mieux, et qui donnent généreusement leur vie pour cette liberté des peuples à laquelle les autres ne sacrifient que des mots.

Nous voyagions à cette époque sur les bords du Rhin, nous vîmes Bonn et ses écoliers, Cologne, Francfort et ses négociants... Le croirait-on : ces étourdis de Français devenaient quelque chose pour les méthodiques allemands. Les noms de Canrobert et de Pélissier, de Mac-Mahon et de Bosquet, étaient plus retentissants que ceux de tel psychologue et de certain numismate... On parlait beaucoup plus d'higlanders et de zouaves que de hulans et de landwer, même dans la patrie de la landwer et des hulans... Cette magnifique épopée de Sébastopol éclatait comme une Iliade moderne ; le nom français grandissait à ce point qu'on devenait honteux des haines traditionnelles de 1810 et de 1815.

Cette modification morale était remarquable ! les passions politiques, exploitant nos expéditions en Allemagne, avaient donné à la génération actuelle l'idée la plus étrange de nos soldats. Les jeunes étudiants, instruits par les vieilles marquises, leurs grandes mères, à les considérer comme des impies, ne vivant que de pillage et de massacre, étaient tout étonnés de lire dans les journaux les moins suspects les traits réitérés de leur généreuse cordialité; on se montrait curieux de les voir de près, et plus d'un regrettait que les troupes fédérales n'eussent pas, comme les Piémontais, pris leur part de travaux et de gloire dans la guerre de Crimée.

Par un triste excès de prudence, l'Allemagne avait donc laissé passer une circonstance, comme on en trouve peu, sans en tirer parti, sans montrer au monde la force de ses armes et la netteté de ses convictions. La Russie était son amie ; elle ne l'avait pas secourue, la Turquie était injustement attaquée, elle n'avait pas adopté le parti de la justice... Conséquence plus triste ! l'Europe se faisait une pépinière de grandes renommées ; la Germanie laissait ses hommes dans une obscurité qui permettait de mettre en doute leur capacité politique et militaire... Elle rêvait l'unité nationale, elle ne savait pas se donner le drapeau que l'Italie s'était procurée : elle était restée froide, égoïste au milieu des épreuves des autres, et rien ne tue les nations comme ces défauts-là.

III

Telle était la situation des esprits lorsque la guerre éclata entre Vienne et Turin. Le Piémont envahi par la formidable Autriche semblait condamné à une humiliation désastreuse plutôt qu'à une conquête, lorsque la soudaineté de notre intervention, l'irrésistibilité de notre attaque, jetèrent en Allemagne une perturbation presque égale à celle qui régnait dans la Péninsule. On n'avait pas su faire parler de soi dans l'expédition d'Orient, il ne fallait pas manquer de prendre la revanche dans la guerre d'Italie.

On se met donc résolument à l'œuvre ; on fait beaucoup de bruit... mais du bruit voilà tout ce qui sort d'une grande agitation... Cette race nombreuse, incontestablement puissante, gaspille son temps, sa bonne volonté, ses forces, à discuter dans autant de cabinets et de chambres qu'il y a d'États, les droits de l'Autriche et les intérêts de la Confédération ; on fait usage d'une richesse d'argumentation remarquable pour établir que la Lombardie et la Vénétie appartiennent à l'Allemagne, et qu'on doit déclarer la guerre à la France le jour où elle osera franchir le Tessin.

Le Tessin est franchi; la bataille de Magenta refroidit un peu l'ardeur belliqueuse, on déclare que le *Casus belli* est placé sur la rive gauche du Mincio. Le Mincio est traversé comme l'avait été le Tessin, Solferino fait réfléchir beaucoup plus encore que Magenta; bref, l'Autriche poussée par l'Allemagne à la plus énergique résistance, se voit bien décidément abandonnée. François-Joseph indigné et aux abois, voyant qu'il n'a pas de secours à attendre, mais beaucoup de défaites à redouter, aime mieux se confier à la générosité de son vainqueur qu'aux promesses aléatoires de ses prétendus amis; il signe la paix de Villa-Franca.

Ce résultat, on ne peut plus triste au point de vue germanique, n'était pas arrivé sans soulever certains troubles de conscience : la fraction autrichienne qui voulait engager l'Allemagne entière dans la lutte, montrait une irritation mêlée d'abattement; la fraction prussienne n'était pas fâchée au fond de l'échec de l'Autriche; car cet échec préparait le triomphe de la politique de Postdam; maudissant la France par convenance, elle se disposait à tirer parti de la situation.

A côté de ces deux camps des habiles, il en était un troisième, le plus grand, le plus respectable à coup sûr; celui-là foulait aux pieds toutes les intrigues, ne considérait que la nationalité allemande, la force, la puissance de la commune patrie. Il avait assisté avec dégoût à de fatales querelles de procédure constitutionnelle. Pendant qu'on se demandait s'il fallait lever les contingents fédéraux *ordinaires* ou *extraordinaires*, si le général en chef serait désigné par la Diète ou par la Prusse, nos admirables soldats avaient écrasé l'armée autrichienne, armée nombreuse, redoutable, avec une prodigieuse rapidité; notre réputation militaire retentissait de New-York à Constantinople, de Cadix à Moscou. Les amis de la paix à tout prix pouvaient féliciter l'Allemagne de sa stoïque prudence, la nation entière qui n'a pas encore perdu le souvenir des Frédéric, de Wallenstein, des Bruker, ne pouvait accepter ces consolations impopulaires.

Elle se demanda d'où venait le rôle obscur que l'Allemagne jouait en Europe, d'où venait l'irrésolution de ses gouvernements et elle répondit tout d'une voix : cela vient du grand nombre de ces gouvernements et du morcellement artificiel imposée à une race naturellement très-homogène.

Cette pensée n'était pas nouvelle, mais elle se généralisait; elle passait de la classe bourgeoise dans le peuple.

Déjà, le 3 juin 1849, Maurice Arndt avait offert la couronne d'Allemagne au roi de Prusse au nom de la Diète de Fráncfort. Frédéric-Guillaume jugea prudent et digne de refuser; lié d'honneur à tous les

princes allemands, ses co-associés dans la défense du pacte fédéral
il lui était difficile de faire autre chose. Le peuple allemand qui n'a-
vait pas d'engagements aussi formels, regretta ce refus ; il voudrait
fort aujourd'hui que le nouveau roi se décidât enfin à prendre le
sceptre de l'empire germanique... Le levier mis en jeu est formidable, l'impulsion est irrésistible ; elle a pour elle la logique la plus
élémentaire et l'expérience des grandes nations voisines... Pas de loi,
pas de tradition respectable qui puisse réduire ce terrible moteur...
Il ne s'agit pas d'une de ces idées abstraites, sujettes à controverse,
d'une de ces utopies d'équilibre parlementaire ou d'économie sociale ;
la question a toute la netteté d'un problème de geométrie. Il s'agit
de prendre le sol couvert par la race allemande, depuis la mer Baltique jusqu'aux Alpes et aux Carpathes, depuis le Rhin jusqu'à l'Oder,
et de dire : la race qui vit là est homogène par son origine, son caractère, sa langue et ses intérêts ; elle ne doit être qu'une nation,
politique, comme elle est une nation naturelle ; elle ne doit avoir
qu'un gouvernement et qu'un roi.

IV

Cette théorie lucide ne se heurte pas moins dans l'application à
de sérieux embarras.

Ce vaste territoire allemand forme des royaumes, des duchés, des
landsgraviats de toute dimension ; ils sont gouvernés par des princes
constitutionnels, pas despotes le moins du monde, très-dévoués aux
intérêts de leurs peuples, qu'ils ont dotés de tous les bienfaits des
lettres, du commerce et de l'industrie... Voilà les gens qu'il faut bru-
talement déposséder, sans procès, si l'on veut appliquer le principe
de l'unité allemande.

Quand de te's projets agitent toute une nation, soyez donc surpris
de l'indifférence avec laquelle cette nation voit tomber le jeune roi
réfugié dans Gaëte... Menacés d'une situation pareille, les princes
allemands s'abandonnent à des craintes fort légitimes ; les petits se
consultent entre eux, ils se groupent autour des grands, à Bade, à Var-
sovie, afin d'arracher des engagements au roi de Prusse, à l'empereur de Russie... Toutes ces tentatives fort naturelles ne seront-elles
pas impuissantes ?

Quelle que soit la difficulté de rompre le lien fédéral, de renverser
ou d'amoindrir considérablement le pouvoir de plusieurs souverains
sans animosité, sans colère, l'idée fixe d'unité se consolide dans les
esprits, elle s'exalte, et les sujets, bien résolus à l'établir, ne cherchent plus qu'une occasion, un expédient. De là sont nés deux partis
nouveaux, qui absorbent tous les autres : le parti de la paix et du *statu
quo*, le parti de la guerre et de la rénovation nationale.

« Évitons toute complication européenne, dit le premier, laissons la France faire tout ce qu'elle voudra en Italie, en Orient, partout, enfin, hors de l'Allemagne ; et sauvons nos trônes à la faveur du silence et du repos... »

« Provoquons une conflagration ; irritons la France, appelons ses armes quelque part, en Suisse, s'il est possible, sur le Rhin, s'il le faut, dit le second ; le tocsin venant à sonner, tout le monde court aux armes ; le péril national provoque les grandes résolutions, nous disons au roi de Prusse : Prenez la haute main des affaires allemandes ; soyez notre dictateur, notre général en chef... les contingents fédéraux une fois placés sous vos ordres, les petits États sont condamnés au silence. Quand la paix reviendra, nous vous dirons : Ce qui était bon dans le péril, ne saurait être mauvais dans la sécurité ; vous avez le sceptre et l'épée de l'Allemagne entière, gardez-les. Que les princes s'arrangent comme ils pourront ; qu'ils disparaissent s'il le faut : *l'empire est fait...* »

Cette tactique de la jeune Allemagne nous donne la clef d'événements fort étranges que l'opinion publique ne s'est pas bien expliqué : nous voulons parler de l'agitation de la Suisse à l'occasion de l'annexion de la Savoie.

V

Tout homme impartial, qui avait lu les traités et les commentaires lucides de M. de Thouvenel, avait de la peine à comprendre les argumentations spécieuses des jurisconsultes suisses... De toutes parts on se demandait par quel enfantillage une confédération qui porta toujours très-loin la circonspection, la prudence, soulevait tout à coup des prétentions d'agrandissement que rien ne justifiait, au risque d'attirer sur elle le mécontentement de cette France qui lui avait été naguère si utile dans la question de Neuchâtel... .

C'est que, justement, la Suisse n'avait d'autre but que de provoquer le mécontentement de la France.

La jeune Allemagne, pressée d'en finir, avait besoin d'une guerre sur ses frontières pour trouver l'occasion d'exécuter la révolution unitaire projetée. L'affaire de la Savoie lui parut une bonne fortune. Elle poussa la Suisse à faire le petit coup de tête de Thonon et à continuer la campagne par une série de protestations diplomatiques, de provocations injustes, qui pouvaient allumer, sur les bords du lac de Genève, une conflagration de nature à produire sur le Rhin le mouvement impatiemment attendu.

Situation la plus étrange que l'histoire mentionne ! Ces Allemands, irrités contre nous, jaloux de notre gloire, de nos succès, ne sachant comment opérer chez eux la transformation qu'ils méditent, tournent les yeux vers nous, et réclament notre intervention. « Nous concevons très-bien les révolutions, nous disait un d'entre eux, mais incapables de les exécuter, nous sommes obligés d'avoir recours à *votre expérience.* »

Ces timides Washingtons ne songeaient pas à une chose : c'est que le dénouement de la petite comédie suisse devait se briser contre un obstacle insurmontable ; cet obstacle, c'était l'*absurde.* Eh quoi ! disait le plus simple bon sens, la France aurait dépensé deux cents millions, perdue quarante mille hommes, encouru le péril d'une coalision nouvelle. Vous, prudente Suisse, vous auriez porté votre rigoureuse observation de la neutralité jusqu'à saisir des bateaux sardes, désarmer des soldats sardes, du côté du lac Majeur, et à la fin d'une campagne que vous avez contrariée, vous en auriez tous les bénéfices ; vous ajouteriez le Chablais et le Faucigny à la liste de vos cantons !

Malgré les excitations du parti allemand, appuyées par les républicains avancés de l'Helvétie, le complot échoua devant la prévision des hommes d'État des deux pays. Les cabinets allemands comprirent que le contre-coup de la guerre aboutirait au renversement des principautés. Le Conseil fédéral de Berne sentit que les taquineries de la Suisse pourraient fort bien irriter la France et le Piémont, et lui faire perdre plus de territoire qu'elle ne courait la chance d'en acquérir. Après deux mois de préparatifs de guerre, de menaces d'invasion, le drapeau suisse n'essaya pas de disputer au nôtre l'honneur de flotter sur la Savoie. L'Allemagne, privée de cette chance d'agitation extérieure, n'eut plus de prétexte pour lever les contingents fédéraux, et dire au roi de Prusse : La patrie est en danger ; soyez notre général en chef...

Mais que les princes allemands y pennent garde ! le plan des unitaires est toujours tracé sur leur carte. La comédie guerrière manquée en Suisse menace d'être jouée dans le Danemark ; le roi de Prusse ne pose-t-il pas déjà les affiches au son de sa trompette belliqueuse. Loin de s'améliorer, la situation des petits États s'aggrave. En 1858, la Prusse et l'Autriche se surveillaient et se faisaient contre-poids. L'Autriche se trouve aujourd'hui réduite à l'impuissance par ses derniers désastres en Italie, par une situation financière presque désespérée, par le recours à des expédients constitutionnels, qui la rapprochent singulièrement de la position de Louis XVI et de celle du moderne roi de Naples.

Berlin hérite naturellement de l'influence que Vienne a perdue. Le nouveau roi de Prusse, dégagé des obligations politiques de son prédécesseur, notamment de la lettre de 18 juin 1849, dans laquelle il refusait la couronne offerte par la Diète, se vera peut-être contraint de procurer à la nation allemande ce qu'elle réclame impérieusement : un roi et l'unité... Il y sera forcé dans un intérêt de conservation personnelle; s'il trompait l'impatience de la jeune Allemagne, quelque prince plus résolu, quelque Victor-Emmanuel de Saxe ou de Nassau, secondé par un Cavour, pourrait bien grouper autour de lui l'élément germanique, et faire le vide autour de la dynastie de Postdam.

Le nouveau roi paraît l'avoir compris. Voyez déjà quelle attitude guerrière !... Il prend son grand sabre, il appelle la Germanie entière à des combats qui ne sont pas bien définis, mais que nous soupçonnons fort d'avoir à aboutir à une expédition plus ou moins directe contre les petits États.

Dans cette situation, le devoir de la France et de l'Angleterre n'est point de combattre le développement unitaire allemand, quelque moyen intérieur qu'il juge à propos d'employer pour arriver à solution. Le principe qu'elles respectent dans la race italienne, elles ne sauraient le repousser dans la race germanique. L'Europe entière doit s'accoutumer à l'idée de subir ces reconstitutions de peuples, basées sur des notions simples et rationnelles ; mais la France et l'Angleterre peuvent dire à la Prusse : Gardez-vous de toucher aux droits du Danemarck, et cessez de violer ouvertement ceux du grand-duché de Posen. Songez que l'invasion du Sleswigt-Holstein ajoutée à l'oppression du grand-duché polonais nous donnerait le droit de vous ramener à l'observation des droits des peuples, garantis par les traités. Et puis, est-il digne d'une grande puissance de se ruer sur une infiniment petite, pour la réduire encore, et la supprimer en quelque sorte. Si la France a détaché Nice et la Savoie du Piémont, n'a-t-elle pas attendu que ce royaume fût agrandi par elle d'une province quatre fois plus importante, et que ses développements dans le reste de l'Italie eussent rendu la perte de la Savoie imperceptible... La France s'est bien gardée de soulever la plus légère prétention à l'égard de la frontière des Alpes, tout le temps que le Piémont est resté faible et petit... Mieux encore ! elle a attendu le double vote du parlement de Turin et des populations, avant d'y porter son drapeau.

Que la Prusse y prenne garde, la question est plus grosse de conséquences qu'elle ne semble le supposer. L'application au Sleswigt-Holstein du principe de nationalité allemande, lui enlèverait le duché de Posen, et ferait perdre à l'Autriche la Hongrie et bien d'autres provinces. Par une double violation du territoire du Danemarck et des priviléges du grand-duché, la Prusse donne à la France le droit de lui dire : Rompre les traités qui vous lient envers deux États voisins, c'est nous dégager de ceux qui nous lient envers vous. Nous prenons acte de cette rupture ; nous nous déclarons libre d'aviser et de prendre de légitimes précautions de sécurité contre une nation voisine, si disposée à s'agrandir, contrairement aux stipulations du traité de Vienne.

Voilà quel doit être le langage de la France, dans la question actuelle. Nous avons lieu d'espérer, d'après une brochure récente : *La Prusse et les traités de Vienne*, que tel il sera en effet... Une autre éventualité se présente : celle d'une transformation complète de l'organisation allemande ; celle de la substitution de l'unité gouvernementale à la fédération. Une telle homogénéité politique donnerait à cette puissance autant de résolution et de force que la fédération lui impose d'incertitude et de faiblesse. Dans ce cas, assez grave pour la France, celle-ci a mille fois le droit de dire encore : La nation allemande brise les traités de Vienne, renverse toutes les prévisions d'équilibre européen. La France demande de justes garanties, de légitimes compensations. Les aliés lui avaient imposé des frontières artificielles, qu'elle a respectées tant qu'elle avait aussi les barrières des traités. Vous brisez vous-même ces barrières; elle en réclame d'autres, mieux connues de tous, et que la nature s'est chargée de tracer... Allemagne, Prusse, restez ce que vous êtes, la France restera ce qu'elle est ; mais si vous vous agrandissez en la menaçant, elle se réserve de s'agrandir pour se défendre.

POLOGNE ET HONGRIE.

I

Quelle que soit l'époque où l'unité germanique se réalisera, ce grand fait aura inévitablement des conséquences très-considérables, notamment dans la Pologne.

Certes, nous sommes loin de vouloir jeter un cri de révolte ou de guerre. Supposons, si l'on veut, l'Europe entière désarmée, n'ayant plus qu'un argument politique : la justice et la raison ; pourrait-on admettre que l'Allemagne, fière de sa nationalité nouvelle, porterait l'inconséquence, le mépris de ses propres doctrines, jusqu'à contempler froidement les douleurs d'une des nations les plus nobles et les plus intéressantes de l'Europe ?

Ne remontons pas à l'histoire des tristes dissensions de cette Pologne mal gouvernée par une oligarchie qui la conduisit à sa perte ; admettons que son partage, qui ne cessa jamais cependant d'être considéré comme une iniquité politique, ait été fait avec une apparence de nécessité par des États voisins, qui voulaient éteindre un foyer d'agitation inquiétant pour eux. Le passé est le passé, étendons sur lui le pardon et l'oubli, prenons le fait actuel, l'état de choses présent. La Pologne, nation éminemment compacte par sa race slave, sa langue, ses mœurs, ses lois, le caractère belliqueux et fier de ses habitants, se trouve partagée en trois, par des gouvernements dont l'un proclame aujourd'hui l'émancipation des serfs, dont l'autre rêve et seconde la formation de l'unité allemande ; est-il possible, nous en ap-

pelons au principe éternel d'équité, que l'émancipateur des paysans
russes ne veuille pas ajouter à sa gloire, le titre d'émancipateur d'une
glorieuse nationalité? Est-il possible que le roi de Prusse, chef naturel de l'unité allemande, ne veuille pas reconnaître l'unité polonaise?...
Il est des oppositions d'idées, des inconséquences de conduite qui
deviennent incompatibles avec la situation nouvelle des peuples et des
gouvernements. Malheur au prince qui délivrerait les individus et en-
chaînerait les nations ; malheur à la nation égoïste, qui proclamerait son
autonomie et concourrait à l'asservissement, à la division de ses
voisines.

Ce n'est pas la France, même à l'époque de Louis XV et de
Louis XVI, qui aurait abandonné la Pologne, si elle avait été près de
ses frontières ; la Belgique et l'Italie savent comment elle protége les
peuples opprimés, sur lesquels elle peut étendre sa main ; les crimes
de 1772, 1793, 1795, retombent tout entiers sur ceux qui les commi-
rent, et sur l'Allemagne qui, le pouvant, ne songea pas à les empêcher.
Un changement d'organisation politique dans la Germainie aura pour
conséquence inévitable une réclamation diplomatique en faveur de la
Pologne. L'accord de la France, de l'Angleterre, de l'Italie, s'ap-
puyant alors sur l'Allemagne, ne pourra manquer d'amener la résurrection d'une nation dont l'existence ne sera pas seulement une réparation nécessaire à l'honneur des États qui la détruisirent, mais utile à
l'indépendance de l'Allemagne elle-même, aujourd'hui trop directement exposée à la pression inquiétante de la Russie.

La France, amie dévouée de la Pologne, mais qui n'a pu, jusqu'à
ce jour, la secourir que par ses vœux, doit par conséquent applaudir
à l'émancipation des serfs russes et à la création de l'unité allemande,
événements qui doivent aboutir à la résurrection d'une nationalité
que plusieurs votes législatifs ont sanctionnée chez nous, sous le
règne de Louis-Philippe... La question polonaise nous paraît donc
appelée à revenir à l'ordre du jour, sans nécessité de révolte ou de
guerres sérieuses. Si nous doutions du triomphe spontané des lois
de la justice, nous en serions réduits à croire à la légitimité de la violence répondant à la violence, et ce n'est pas au règne du hasard,
mais à celui de la Providence réparatrice, que l'histoire de ce siècle
nous enseigne à penser.

II

Quant à la Hongrie, cette autre opprimée de race slave, un avenir
de réparation s'ouvre déjà pour elle. Voilà François-Joseph obligé de
lui accorder de sérieuses garanties d'autonomie, d'individualité nationale... Qui sait si, dans l'ébranlement profond du gouvernement
autrichien, ébranlement sinistre, qui nous ôte la force de dire toute
notre opinion sur le passé et sur l'avenir de cette puissance, la Hon-

grie et les États héréditaires de la maison d'Halsbourg ne seront pas le refuge, le dernier noyau de cet empire disparate, écorné à tous ses angles.

La Hongrie, alors, loin de craindre les empereurs d'Autriche comme maîtres étrangers, pourrait les aimer comme des rois nationaux et légitimes, qui puiseraient en elle leur force principale. Le malheur des rois apaise les peuples les plus irrités, comme le malheur des peuples devrait calmer les rois. L'Autriche éprouve assez de tribulations pour qu'il nous soit permis d'espérer que son empereur comprendra l'opportunité de la vente de la Vénétie, comme il est obligé de reconnaître l'autonomie de la Hongrie. Soyons sûrs que, s'il persistait à repousser l'une et l'autre de ces nécessités impérieuses, il s'exposerait à périr dans la lutte... Ce n'est plus le siècle où les rois domptent les nationalités, mais celui où les nationalités domptent les rois.

SUISSE.

I

Laissons à part l'avenir de la Pologne et de la Hongrie; revenons à la Suisse. Ce pays, placé entre la France et l'Italie, trouvera-t-il dans l'unité prochaine de l'Allemagne, son alliée naturelle, la fin de son malaise et de ses appréhensions? Ne manquera-t-il plus rien à la plénitude de sa prospérité et de sa force? nous ne le pensons pas.

Que la Suisse y prenne garde! Elle est une fédération comme l'Allemagne, et l'Allemagne n'est pas plus satisfaite et plus forte pour porter ce titre, autrefois en grand honneur. Le germe de mécontentement qu'elle a fait éclater contre nous en 1860 était en elle-même et non dans l'annexion de la Savoie; elle a fait comme ces malades, qui attribuent leurs souffrances aux variations de la température, aux orages, et qui ne devraient s'en prendre qu'à la faiblesse de leur propre constitution.

Jetons un regard sur cette question, il n'en est pas de plus fertile en enseignements de toutes sortes. La blessure qui fait souffrir l'Helvétie, c'est le peu de bruit qu'elle fait en Europe.

Les nations ne sont pas comme les bonnes mères de famille : la meilleure et la plus respectée n'est pas celle *qui n'a jamais fait parler d'elle.* Les nations ont leur coquetterie, qu'on appelle la renommée. Pour être grandes et heureuses, elles ont besoin, ainsi que les artistes, d'occuper les journaux, de poser devant l'histoire; or, voilà bien des siècles que la Suisse ne joue plus le rôle d'étoile démocratique, qu'elle avait commencé sous Guillaume-Tel, et continué devant les philosophes et les publicistes, trois ou quatre cents ans après lui... De là, une indisposition chronique, une irritabilité de caractère qui se fait reconnaître à plus d'un symptôme.

La Suisse voulait sortir de cette situation oubliée ; elle aspirait à s'élever, en montant sur ses plus grands chevaux ; elle voulait lutter contre la France. Habituée depuis longtemps à accroître, petit à petit, son territoire par des annexions successives, faites sans bruit, elle voulait continuer à s'arrondir. La Savoie française convenait assez bien à ce propriétaire patiemment ambitieux, qui ajoute champ à champ et maison à maison. Cette annexion l'aurait-elle militairement fortifiée ! Il est inutile de revenir là-dessus : tous les esprits sérieux lui ont répété que les armées françaises pouvaient l'envahir par vingt trouées également faciles. Sa force la plus sérieuse, c'est l'amitié, c'est le respect de la France et des autres peuples qui l'entourent. Formée de trois races qui parlent trois langues différentes, il lui serait impossible de faire valoir une base quelconque d'unité nationale. Le jour où ces races, allemandes, françaises, italiennes, lui redemanderaient les populations qu'elle leur a prises, il ne lui resterait pas un pouce de terrain.

Nous qui lui portons un intérêt sincère, qui désirons sa prospérité et non sa chute, nous lui dirons : Oui, vous avez raison de vouloir sortir de la situation beaucoup trop modeste que vous vous êtes laissé faire ; seulement, vous vous trompez sur les causes qui vous ont fait dévier et sur le levier qui peut vous remettre à flot. Au lieu de vous *agrandir*, songez à vous *grandir* : ce n'est pas sur la carte, c'est dans les conseils de l'Europe que vous êtes petite, et les raisons de cette infériorité sont écrites dans votre constitution.

II

Ce fut un magnifique spectacle que celui de vos trois premiers cantons luttant contre l'Autriche et posant les bases de leur indépendance ! Nul plus que nous n'admire le courage de ces pâtres, de ces bûcherons sublimes, qui se donnent la main autour du lac des Quatre-Cantons et brisent les premiers le joug de la servitude féodale.. L'éternelle gloire de la Suisse sera d'avoir, en plein régime féodal, en 1307, lorsque l'adage : « Nulle terre sans seigneur » règnait de l'Océan à la Méditerrannée, du Volga à Gibraltar, proclamé les droits de l'homme 500 ans avant notre 89.

Mais quelle que soit la gloire d'une sublime action, un peuple ne pourrait alimenter la sève de ses destinées par cet unique fond de réserve. L'admiration finit par se tarir, lorsqu'elle puise constamment à la même source, et le malheur de la Suisse, c'est d'éclairer toute son histoire par le reflet un peu terni de Morgarten et de Sempach.

Près d'un demi-siècle s'est écoulé depuis ces deux batailles ; toutes les nations ont singulièrement avancé dans la voie de l'émancipation, et il ne s'agit plus de renverser la féodalité... Tout peuple qui ne veut pas se laisser acculer dans l'oubli ne doit pas s'endormir sur la chaise curule de sa vieille gloire, alors que les autres se tiennent debout, éveillés et marchent à de nouvelles conquêtes.

La Suisse s'est trompée sur ce point, elle a fait le faux calcul de l'avare qui respecte son trésor au point de s'appauvrir en ne le faisant pas fructifier : elle s'est laissée dépasser par l'Europe, en se tenant trop exclusivement attachée à son quatorzième siècle.

Encore une fois, que la Suisse y prenne garde ! Le travail qui se fait en Italie, en Allemagne, s'opère dans son propre sein, plus doucement, il est vrai ; car ici pas de petite tyrannie princière à détruire, pas d'entrave douanière à faire disparaître, elle possède la liberté la plus large qu'une société puisse désirer. Mais il est des heures où la liberté de la tribune et de la presse ne suffisent plus aux peuples ; des heures où les âmes se nourrissent de pensées plus hautes que celles d'une indépendance égoïste ; des heures où l'on sent le besoin de donner un peu de sa liberté aux peuples étrangers qui n'en ont pas, de faire échange d'activité, de gloire avec ceux qui grandissent en prépondérance et remplissent un rôle utile dans le mouvement civilisateur de l'humanité.

Nous devons l'avouer avec regret, pendant que l'Italie du seizième siècle moissonnait la plus grande réputation artistique et littéraire connue, que l'Espagne et le Portugal découvraient des mondes nouveaux et les peuplaient, que l'Allemagne tenait le sceptre de la science, l'Angleterre celui des transactions maritimes, que les Pays-Bas, Venise, Gênes, étonnaient le monde par leur prospérité commerciale, que la France renouvelait sous Louis XIV et Napoléon la puissance militaire, l'unité administrative de l'empire romain, nous cherchons en vain quelle était la part que la Suisse prenait dans ce mouvement prodigieux ? Elle sauvegardait habilement son indépendance, d'accord ; elle faisait ses affaires, soignait ses petits intérêts, fournissait de très-bons soldats aux gouvernements qui les payaient, mais tout cela ne constitue pas une action civilisatrice éminente.

III

Que la Suisse veuille bien nous écouter ! il y a péril pour elle en la demeure ; nous l'engageons fortement à rallumer les phares un peu éteints qu'elle fit briller sous Guillaume-Tell, et à rajeunir son fond de gloire : le premier pas à faire dans cette voie, c'est de se donner une homogénéité intérieure qui ne la livre plus aux tristes déchirements du Sunderbund et lui permette d'élever la voix en faveur des peuples qui aspirent à une légitime indépendance.

Comment réalisera-t-elle cette homogénéité nationale que l'Italie se donne, que l'Allemagne cherche à se procurer ? en portant une main vigoureuse sur sa vieille constitution fédérale, en supprimant ses assemblées cantonales qui reproduisent sous des noms différents les divisions intestines dont l'Allemagne et l'Italie sont en train de se délivrer. *Unité! unité!* le cri de ces nations voisines doit être également le sien. Vingt-deux petits cantons gouvernés par vingt-deux petites chambres, et autant de bureaux, faisant des lois et des règlements, destituant et nommant les magistrats tous les quatre ou cinq ans, offrent un spectacle peu digne d'un peuple qui veut être grand, et qui est digne de l'être.

Ces dissensions n'aboutissent à rien moins qu'à des levées de troupes intempestives, à des ligues et à des déclarations de guerre civile désastreuses, témoin la révolution de Genève en 1841, la réaction du Valais en 1844, la guerre des Cantons catholiques et des Cantons protestants à la même époque, l'organisation et la destruction du *Sunderbund* en 1845 et 1847.

Un grand pas vient d'être fait dans la voie de l'unité fédérale ; le grand conseil, qui se transportait successivement de Lucerne à Zurich, et de Zurich à Berne, a été définitivement fixé dans cette dernière ville. Berne prend franchement les allures d'une capitale ; la diète s'y est élevé un très-beau palais ; une foule de monuments tribunaux, prisons, hospices, hôtels des postes, y reçoivent les administrations centrales. Que la Suisse persévère ; qu'un jour paraisse une constitution nouvelle, qui enlève tout caractère politique aux assemblées cantonales, et fonde l'unité nationale sur l'omnipotence de la diète et du grand conseil, la Suisse, cessant d'être une fédération, trouvera dans son homogénéité gouvernementale une force de volonté, une sûreté de direction, jusqu'à ce jour inconnues. Cette netteté vigoureuse en politique lui assurera dans les événements un rôle digne de la patrie de Guillaume-Tell ; elle lui procurera une gloire plus utile, plus populaire que celle de ces éternelles dissensions de tribune et de presse, qui n'avancent aucune question, et font malignement penser à la comédie de Shakespeare : beaucoup de bruit pour rien.

CONCLUSION.

I

Ils se trompent étrangement, en effet, les hommes qui estiment avoir donné à un peuple tout ce qu'il peut désirer, lorsqu'ils lui ont assuré l'organisation représentative... La discussion publique des intérêts sociaux est une précieuse, une indispensable garantie d'indépendance et de dignité nationale assurément, mais il n'y a là qu'un moyen ; reste à atteindre le but, c'est-à-dire la grandeur et la prospérité du pays. Malheureusement, la Suisse n'est pas le seul État où l'excès marche toujours à côté des meilleures institutions. Les douceurs parlementaires ne furent bien souvent, pour leurs plus fervents adorateurs que des priviléges à l'usage de quelques milliers d'élus, qui avaient grand plaisir à se faire applaudir de toutes les manières, et s'estimaient de grands hommes, lorsqu'ils avaient organisé des coalitions, renversé inpunément des cabinets et entravé la marche des affaires sérieuses.

Erreur ! ces joutes et tours de force sont complétement indifférents aux dix-huit vingtièmes de la population qui ont de tous autres besoins et se nourrissent de plus nobles espérances.

Les fortunes représentatives ont certaine ressemblance avec les fortunes féodales ; les grands hommes turbulents qui manient les chambres par leur talent, leur dextérité et traînent à leur suite une petite armée de partisans, procèdent assez directement des barons du moyen âge. Eux aussi, toujours sur la scène, pour l'émotion du public, se plaisaient à troubler l'État dans le but de se donner du renom, et d'augmenter leur influence : ils basaient leur succès sur l'amoindrissement du souverain et la duperie du pauvre peuple. Il n'est donc pas étonnant que ce pauvre peuple, habitué à se voir exploité tantôt par les jouteurs de l'escrime, tantôt par les athlètes de la parole, finisse par se lasser d'eux et par se rapprocher de la royauté, sa compagne de tribulations. Les deux extrêmes sociaux font alliance offensive et défensive contre les petits Catilina de tribune ; ils s'entendent pour mettre des bornes à leur faconde et ne les laisser parler que dans la mesure de l'instruction et de l'expédition des affaires : ce qui constitue, Dieu merci, des prérogatives assez étendues. Les orateurs réglementés, ne pouvant plus organiser leurs révolutions mensuelles, ont' recours à l'hyperbole, et appellent cela l'alliance de *la démagogie* et du *despotisme*; mais la nation, très-satisfaite du calme intérieur et de la grandeur extérieure que cette alliance lui procure, laisse geindre et soupirer les mutins, et ne voit pas trop en quoi elle est moins libre depuis qu'ils sont obligés d'être moins audacieux.

Chassés de la tribune officielle, ces derniers se réfugient dans une autre ; ils unissent les efforts les plus opposés, forment une opposition systématique à l'aide des principes les plus contraires, dans le but de dissoudre l'alliance nationale. Ils n'ont oublié qu'un point, c'est qu'ils sont connus ; on les a vus à l'œuvre ; on sait ce qu'on a gagné d'affaiblissement national, de gaspillage et de perturbation, à lâcher la bride à leur licence oratoire.

Ils ont beau traiter de haut ou contester la grandeur nationale, elle frappe tous les yeux, au dehors comme au dedans. Glorieuse application de l'égalité chrétienne, elle élève le simple laboureur à la hauteur des grands citoyens, lorsqu'il peut dire aux plus fiers : J'ai mêlé mon sang au vôtre dans les mêmes combats, et concouru à la

solution des mêmes problèmes. Voilà qui fortifie les cœurs, qui ano-
blit les caractères, assure à tous cette dignité du *moi*, fondée sur le
dévouement à son pays et à l'humanité, la plus merveilleuse conquête
de l'homme en ce monde.

II

Ce n'est pas notre faute si les tristes tableaux des défaillances
parlementaires d'il y a quinze ans, les honteuses concessions faites à la
peur de l'Angleterre et de la Russie, et qu'on aurait peut-être renou-
velées récemment à la peur de l'Autriche, nous font appréhender le résultat de certaines dissensions publiques. Nous craignons toujours
que les trembleurs n'abusent de leur liberté pour exagérer la force de
nos ennemis et affaiblir nos ressources ; pour nier nos droits, sancti-
fier celui des autres, et leur prédire la victoire. Des votes de triste
mémoire, souvent répétés de 1830 à 1848, nous avaient placés à la
remorque de peuples étrangers, qui ont dû nous rendre la première
place, aussitôt que le règne des actes a succédé à celui des discours. La
prépondérance que nous possédons aujourd'hui, ne nous la laissons pas
enlever demain ; elle est malaisée à conquérir et facile à perdre ; pense-
t-on que la crainte d'une invasion française, exploitée par les partis
dans le parlement anglais, ait consolidé la puissance de l'Angleterre en
Europe ? L'éloquence des orateurs, dans les questions d'alliance et de
guerre, a-t-elle réussi à donner à cette nation une attitude digne
de son passé ?...
Soyons fiers, soyons jaloux des droits constitutionnels qui nous ga-
rantissent la discussion de nos intérêts immédiats, le contrôle, la sur-
veillance continue des actes de ceux qui nous gouvernent, mais soyons
sobres dans nos exigences ; arrêtons-nous sur le seuil de curiosités
impatientes, qui pourraient nous affaiblir en dévoilant nos secrets
aux étrangers. La politique n'est pas une question d'enchères publiques, qui doive être annoncée à son de trompe et par affiches ;
cela mettrait l'adjudication des événements au pouvoir du plus of-
frant et du plus habile enchérisseur.
Tristement instruits par tout ce qui s'est passé sous nos yeux, nous
avons, dans les circonstances graves et délicates, plus de confiance dans
un souverain qui joue son nom et sa gloire sur la sagesse de ses déci-
sions, éclairées par les lumières de ses conseillers, que sur le concours
d'une foule d'intelligences qu'alarment les cotons de telle province, les
fers de telle autre, et qui soumettent les grands intérêts nationaux, le
salut des peuples, les droits éternels de l'équité à de mesquines questions d'intérêts locaux.
Après la merveilleuse expédition d'Italie, qui place notre patrie à
une hauteur qu'elle n'a jamais eue, n'avons-nous pas entendu regret-

ter « que la France s'occupât toujours des peuples voisins, et qu'elle oubliât de s'occuper d'elle-même ? »

III

Qu'est-ce donc que la France, aux yeux de ces gens-là, si les grandes questions étrangères ne la concernent plus? Est-ce une factorerie de Canton ou une sucrerie de la Caroline? N'a-t-elle d'autre destinée que celle d'offrir à une société d'actionnaires politiques un beau dividende personnel de fin d'année?... Si telle est la France parlementaire, au succès de laquelle on serait prêt à tout sacrifier, voici qu'elle est la nôtre; M. Veuillot l'a résumée en un des mots les plus profonds de ce siècle : « La France est une nation de prêtres et de soldats. » Sa mission est donc un apostolat armé, chargé de répandre la civilisation chrétienne par les missionnaires de l'intelligence, là où elle n'est pas ; de la faire respecter par ses soldats, là où elle existe ; d'arborer en tout lieu la bannière de la justice et de la charité. Ces devoirs fondamentaux, que Dieu dicte aux individus, ne sauraient rester étrangers aux peuples, car les peuples ne sont autre chose que des individus au point de vue de l'éternité! La France n'a pas failli dans cette noble tâche.

Les conquêtes civilisatrices de l'esprit français n'ont cessé, depuis Louis XIV, de placer notre nation à la tête du mouvement européen. La finesse sympathique de nos écrivains, le bon sens pratique de nos philosophes, la puissante doctrine et l'inépuisable philantropie de nos prédicateurs et de nos saints, sont autant de prodiges qui fascinent les yeux et subjuguent les cœurs. Quelques nations se sont élevées plus haut dans le domaine de l'imagination et de la science ; mais les hauteurs qu'elles ont atteint nuisaient à la popularité de leurs succès. La nature de notre génie, c'est de corriger dans les autres une exagération qui les empêche d'atteindre le but utile ; le but pratique, c'est de trouver le tempérament, la lucidité essentiellement humaine, de toucher la fibre sympathique universelle. Grâce au travail d'assimilation, au rayonnement de fraternité, parti de chez nous, l'Europe semble n'avoir plus aujourd'hui qu'une âme, et c'est la France qui la met en vibration. Cette transmission de la pensée a eu deux courants électriques ; le premier, celui que tout le monde reconnaît et acclame, celui des penseurs et des artistes d'élite, s'adressant aux classes qui cultivent la littérature et l'art ; le second, qui descend aux classes les plus humbles, à la démocratie peu lettrée, celui-là fut dirigé par les armées du premier Empire.

IV

Oui, l'armée française joue, dans l'histoire de la civilisation moderne, le rôle que celle d'Alexandre inaugura dans l'antiquité. Après la promulgation des principes supérieurs par les grands esprits du dix-septième et du dix-huitième siècles, il restait une tâche à remplir : celle d'initier aux progrès de la raison humaine cette foule ignorante et nombreuse, qui ne demande pas ses idées à la théorie, aux livres, car elle ne sait pas lire ; mais qui les puise dans la pratique, dans la mise en action. Le soldat français fut l'instituteur du peuple, là où nos grands écrivains avaient été les professeurs de la haute société ; il enseigna au plus modeste ouvrier, au plus naïf laboureur, les fondements des droits de l'homme. Comment sa prédication n'aurait-elle pas réussi, il montrait sur lui-même l'application éclatante de ses doctrines.

Que l'on juge de l'effet produit sur l'Italien, sur l'Allemand, sur le Slave, par les discours de cet homme, racontant les merveilles de son pays, et qui, toujours vainqueur, disait que la cause de ses victoires résidait tout entière dans la valeur personnelle que lui donnait le principe d'égalité, la dignité de citoyen qu'il recevait en naissant.

Certes, Allemands et Russes ne manquent généralement ni de courage, ni de talents militaires ; leur instruction stratégique est plus développée que la nôtre peut-être... Qui donc frappe si souvent d'impuissance le dévouement du soldat et la science de l'officier ? C'est que, dans ces agglomérations d'hommes, la masse est tout, l'individu peu de chose : privé de toute initiative, de toute confiance personnelle, le militaire étranger n'agit que par ordre ; c'est une machine, dont le chef tient le ressort ; l'absence de résolution soudaine le place à une distance considérable au dessous du Français, qui possède, à un degré suprême, cette précieuse qualité... Celui-ci part gaiement pour la guerre, portant selon l'expression consacrée, son « bâton de maréchal dans son sac. » Le soldat étranger ne porte que les obligations d'une discipline inexorable, sans compensation d'avancement possible : il voit dans son officier un maître supérieur de naissance, de rang, qui peut lui infliger l'humiliant stigmate des coups de verges ; le Français ne voit dans le sien qu'un chef instruit qui le dirige, et qu'il peut un jour égaler. Voilà le professeur d'égalité, de liberté, qui a parcouru l'Europe au service de la civilisation française. Il y a semé, avec le prestige de ses victoires, les principes qui, depuis un demi-siècle, éclatent sur tous les points, marchent de succès en succès, et doivent définitivement triompher. Un philosophe moderne, dont l'Académie française ne contestera pas l'autorité, trouve la cause des victoires de l'ancienne Grèce, aux prises avec les armées colossales de l'Asie, dans cette protection *du destin*, qui guidait la marche de l'humanité, et ne permettait pas à ses champions, quelque faibles qu'ils fussent par le nombre, de succomber sous l'effort des soldats du passé. Si le destin antique assura les victoires miraculeuses de Salamine et de

Marathon, le *Dieu des armées* n'a pas été moins bienveillant pour la France, parce que ses régiments défendaient la cause de la vérité contre celle de l'erreur. Le : *Dieu le veut*, d'Antioche et d'Ascalon était aussi, soyez-en sûr, le cri intime, convaincu des Pyramides et de Marengo, d'Austerlitz et de Wagram.

Le rôle du soldat français n'a pas été moins grand dans l'intérieur de la France. Savez-vous qui a créé cette merveilleuse unité française qui étonne le monde? Ce sont les armées de la République et de l'Empire !... Les rois de France avaient réuni, un peu forcément, des provinces sous le même sceptre; les armées françaises ont réuni les esprits dans les liens indissolubles d'une même volonté, d'un même patriotisme.

Les hommes qui doutent de l'unification de l'Italie, sous prétexte que les Siciliens ne ressemblent pas aux Piémontais, que les Lombards ne sont pas des Napolitains, n'ont jamais reporté leurs regards sur la France d'il y a cent ans. Existait-il le moindre rapport de caractère, de mœurs, d'intérêts entre nos Flamands, et nos Roussillonnais, nos Basques et nos Provençaux? Quelle merveilleuse force d'agrégation est parvenue à détruire les aspérités de ces races diverses, qui se battirent cent fois sous l'ancienne monarchie pour la défense de leurs jalouses et haineuses nationalités? l'armée française !

Aussitôt que la République eut supprimé les anciens régiments provinciaux, et les eut remplacés par des régiments français, désignés par de simples numéros; dès que les conscrits catalans et picards, béarnais et bourguignons, se trouvèrent mêlés sous le même drapeau, et qu'ils eurent concouru aux mêmes victoires, ils virent que les diverses races répandues sur le sol français étaient dignes les unes des autres; ils cessèrent de se mépriser, de se différencier. Chacun rentra dans son village, parlant de toutes les provinces de France comme habitées par des Français, de braves et loyaux frères d'armes; l'unité nationale fut constituée dans le peuple, de même que la loi l'avait organisée dans le gouvernement. La gloire de l'Empire, fièvre patriotique inoculée à la nation entière, mit le sceau à l'homogénéité française; tous les citoyens avaient apporté leur pierre à l'édifice; solidaires de la fondation, ils restèrent solidaires de sa défense. Aussi l'histoire ne pourrait-elle offrir une société plus compacte et plus forte que la nôtre, quand elle a pour chef un homme qui sait comprendre la noblesse de ses instincts, la généreuse nature de son génie.

Soyez étonné, après cela, que la guerre civile soit devenue impossible, que les révolutions faites au centre soient immédiatement acceptées sur tous les points de la circonférence. C'est que la France est un tout qui ne se scinde pas; les opinions individuelles, froissées, vaincues dans certains changements trop brusques, se résignent, attendent le retour de jours meilleurs ; nul ne songe à déchirer sa patrie par le crime d'une guerre civile.

V

Loin de s'affaiblir, le caractère civilisateur de notre armée se fortifie, se développe : à sa suite marchent des auxiliaires qui gagnent plus de cœurs que ses canons ne sauraient renverser d'ennemis. La Sœur de Charité, ange de l'Évangile, de création toute française, révèle aux peuples étonnés les prodiges les plus touchants de la fraternité, du dévouement chrétien. Prononcez ces mots imposants par-dessus tous les autres : le missionnaire, la Sœur de Charité, le soldat, et tous les peuples se sentent animés envers la France de sentiments ineffables d'admiration et de sympathie.

Que ces types du caractère français, trouvant le bonheur et la gloire dans le plus noble sacrifice personnel, restent toujours présents à nos souverains. La solution des agitations européennes, par le triomphe successif des nationalités, est un fait inévitable ; il peut être pacifiquement réalisé par les lois naturelles et logiques de l'équité, qui commencent à prévaloir sur les violentes prétentions de l'égoïsme ; il n'est pas impossible, toutefois, qu'une étincelle jetée sur ces traînées de salpêtre ne produise une détonation et n'allume l'incendie. Quoiqu'il arrive, la prudence et la fermeté que la France a su montrer jusqu'à ce jour, sont les garanties de la résolution nette et patiente qu'elle montrera dans l'avenir... Sa politique n'est plus celle d'une honteuse *paix à tout prix*... Que les peuples évitent les coups de têtes ; ils peuvent compter sur sa protection diplomatique, si l'on méconnaît leurs légitimes prétentions ; sur son intervention militaire, si on les attaque.

La France, armée pour la justice, ne doit pas déposer l'épée. Car c'est la crainte de cette épée qui fait l'autorité de ses arbitrages. Quand l'Europe sera bien convaincue de sa résolution à la tirer du fourreau dès qu'elle sera utile, on peut être sûr que les peuples et les souverains regarderont à deux fois, avant de recourir aux aveugles arguments de la guerre civile et de l'intervention étrangère.

Nous ne sommes plus seuls à professer ces principes de protection et de solidarité nationale ; le peuple anglais marche à notre suite, dans la ligne que nous avons tracée. Quelque habitué que puisse être son gouvernement à sacrifier les peuples étrangers à de simples intérêts commerciaux, il est permis d'espérer que la nation est entrée dans une voie plus libérale, et qui ne sera plus désertée. L'Italie enfin, délivrée en vertu de ce principe, ne saurait manquer d'en seconder la généralisation en Europe. Ce noble triumvirat change complétement les conditions de la politique européenne ; le pivot de la balance est déplacé! le poids des peuples indépendants emporte celui des peuples qui ne le sont pas. Il ne faut pas s'y méprendre! Cette politique équitable et généreuse est la seule qui soit digne du caractère chevaleresque de la France, la seule qui donne à son besoin de mouvement et d'expansion une direction utile. Elle satisfait sa légitime ambition de respect au dehors; elle écarte de l'intérieur cette fatale périodicité de révolutions qui fut provoquée par le mépris de ses gouvernements pour le sentiment national.

Grâce au ciel, les anciennes erreurs sont expiées; nous pouvons être fiers de la glorieuse satisfaction donnée à notre amour des grandes et des bonnes actions. A peine nos armées étaient-elles revenues de Crimée et d'Italie, qu'elles allaient porter la lumière de l'Évangile et la sécurité au cœur de la Chine et de la Syrie. Le drapeau de la France, toujours béni par le Dieu des armées, veille sur les peuples. Il n'a jamais été plus redouté des oppreseurs et plus aimé des opprimés.

FIN.

Paris. — De Soye et Bouchet, imprimeurs, 2, place du Panthéon.